Klaus-Geert Heyne

Prinz oder Frosch?

Erlebnisse
Gefühle
Einsichten

Gedichte eines Liebhabers

*Bibliografische Information
der Deutschen Nationalbibliothek:
Die Deutsche Nationalbibliothek verzeichnet diese
Publikation in der Deutschen Nationalbibliografie;
detaillierte bibliografische Daten sind im Internet
über http://dnb.dnb.de abrufbar.*

*Texte und Layout:
Cornelia Rinne, Worms am Rhein*

*Titelbild:
Tassilo Strasser*

*Herstellung und Verlag
BoD – Books on Demand, Norderstedt*

ISBN 978-3-7494-0684-5

Dank

Allen
am Entstehen dieses Buches
Beteiligten
sage ich herzlichen Dank.

Die kritische Distanz
und
der liebevolle Sachverstand
von Cornelia Rinne
haben wieder
zum Gelingen beigetragen.

Von Herzen Dank
auch
meiner Gabriele
für ihren Humor
bei dieser Rückschau
in das Vor-Leben
ihres Mannes

Inhalt

Vorwort

Ein Leben lang ein Frosch zu bleiben
und niemals mehr der Prinz zu sein –
darüber möchte' ich ungern schreiben,
ich möcht' mich meines Lebens freu'n.

Dazu gehört, um Prinz zu werden,
dem Märchen folgend, eine Frau,
die liebend hier auf dieser Erden
mich zu erlösen sich getrau' ...

... sich traut, mich an die Wand zu werfen,
vom Frosch zum Liebsten mich zu wandeln,
die mit Geduld und guten Nerven
erreicht, dass wir gemeinsam handeln.

Das Risiko des Wurfs zur Wand
ist dabei nicht zu unterschätzen,
denn bleibt's ein Frosch in ihrer Hand,
dann fliegen oftmals bald die Fetzen.

Wie wird sie ihn nur wieder los,
so klebrig, nass und widerlich?
Denn was da sitzt auf ihrem Schoß,
das hielt' sie gern vom Leibe sich.

Und auch der Frosch hofft angsterfüllt –
er kennt sie ja noch nicht genau –
dass sie ihm seine Sehnsucht stillt
und das sie sei die „richt'ge Frau": ▶

„Die *richt'ge Frau*, wie find' ich sie –
soll ich's dem Zufall überlassen?
Ist's Arbeit gar und harte Müh',
gibt's Möglichkeiten nicht in Massen?

Wie soll ich mich so recht beschreiben,
wie komm' bei Frauen ich gut rüber?
Darf ich mein Selbstlob übertreiben –
hat man mich ganz bescheiden lieber?

Ich hab' doch allerhand zu bieten
an Liebe, Sorge, Geisteskraft –
muss mich vor großen Worten hüten,
sag' lieber, was Vertrauen schafft.

Denn schließlich bin ich Prinz gewesen
für eine Frau vor langer Zeit –
in ihren Augen konnt' ich lesen,
wie sehr sie sich auf mich gefreut …,

… so eine Frau sucht' ich erneut,
zu lieben sie und da zu sein,
wenn sie mich braucht, zu jeder Zeit –
an ihrem Glück mich mit zu freu'n."

Und fand sich nun das Prinzenpaar?
Hat sich gelohnt die viele Müh',
die heiße Suche manches Jahr –
*der arme Frosch, ja, fand er **sie**?* ◆

Klaus-Geert Heyne

Gestern

Frei

Es ist soweit, bin wieder frei –
und fühl' mich stark und wohlgemut –
ich denk' und plan' so viel dabei,
das hält mich wach und tut mir gut.

Natürlich ist's kein leichter Schritt,
so viel Vertrautes steh'n zu lassen –
manch' gute Freunde trauern mit,
sie können meinen Weg nicht fassen.

Doch war es Zeit, vorauszudenken
an weitere Jahrzehnte hier
und keine Zeit mehr zu verschenken
auf meinem Weg zu Dir und mir.

Zu Dir mein Weg ist schon so lang,
dass er ruhig länger dauern kann –
darum ist mir nun nicht mehr bang',
noch ist die Chance nicht vertan.

Zu mir der Weg führt parallel
zu andren Stätten, neuem Haus –
dass ich mehr Selbstbestimmung wähl',
sie zahlt auf lange Sicht sich aus. ▶

Ich hab' gemerkt, dass ohne Liebe
ein Weg zu Zweit kaum möglich ist,
und wenn sie auf der Strecke bliebe,
der Streit zu Zweit die Seele frisst.

Ich will es nun nicht mehr riskieren,
zu leben ohne Deine Nähe –
wen auch die Götter zu mir führen,
ich Dich nur immer vor mir sehe.

Indem ich so nun auf Dich warte
– doch das heißt nicht, dass ich nichts tu' –
setz' alles ich auf eine Karte,
eh' ich mich zieh' zurück zur Ruh'.

Zu warten, heißt nicht, still zu sitzen,
die Hände in den Schoß gelegt –
nein: leben, fühlen, schippern, schwitzen –
es lebt doch nur, was sich bewegt!

Wenn doch das Schicksal uns vereint –
ist auch die Chance minimal –
kein Tattergreis, der schnieft und greint,
soll Dir dann bringen neue Qual! ▶

Und kommt die Liebe nicht zurück
zu Dir, mich Deiner wert zu schätzen,
so finden wir nicht unser Glück –
dann bleiben wir auf unsren Plätzen.

Die *Große Liebe* gilt nur Dir,
ganz gleich, wohin Dein Weg uns führ' –
brauchst Du mich nicht, so bleib' ich hier,
doch offen steht Dir meine Tür. ◆

Zwei Leben

Zwei Leben führ' ich lange schon:
ein äußeres und stets synchron
ein inneres dazu, das ganz
mein Herz erfüllt mit stillem Glanz.

Wie kam's dazu, frag' ich mich oft –
aus heit'rem Himmel? Unverhofft?
Tut mir das gut, wollt' ich das immer?
Geht's denn so weiter – wird's noch schlimmer?

Von Anfang an warst Du der Grund –
ich liebe Dich seit jener Stund',
als sich das Jahr zum Ende neigte
und ich Dir meine Seele zeigte.

Es folgte gute, schwere Zeit,
zu Vielem waren wir bereit.
Wir lebten, liebten, fühlten, dachten,
uns vielerlei Gedanken machten.

Und trotz Entfernung hielt das Band,
ein Herz sich stets im andren fand –
bis eines Tag's die Bombe krachte
und eine scharfe Wende brachte.

Ein Jeder ging nun seinen Weg –
doch wenn ich's richtig überleg' –
so wenig ich von Dir erfuhr,
sie blieb doch stets – die Nabelschnur. ▶

So selten ich Dich wiedersah,
's war wunderschön, und dann geschah
der Klick, den's mir im Herzen machte
und der mir die Gewissheit brachte:

Du bist's und wirst es immer bleiben!
Wohin auch sollt' mein Leben treiben –
ich komm' nicht los von diesem Traum,
auch wenn uns trennen Zeit und Raum.

Inzwischen geht mein Leben weiter,
mal mühsam und mal froh und heiter.
Ich leb' nicht schlecht, bin ganz zufrieden,
weil Wohlstand mir und Kraft beschieden …

… zu tun, zu lassen, was ich will,
zu musizieren laut und still,
zu träumen, Wassersport zu treiben,
mit Freunden in Kontakt zu bleiben …

… zu kümmern mich um manche Leute,
die meine Hilfe brauchen heute
und auch in Zukunft brauchen werden,
so lang' sie leben hier auf Erden.

Doch dies ist nur mein *halbes* Leben.
Der andre Teil – so bin ich eben –
der lebt in den Gedanken fort,
die eilen oft zu jenem Ort … ▶

… wo ich Dein Lebensglück vermute,
zu Haus', vielleicht auf Urlaubsroute,
vielleicht in Not, aus welchem Grund?
Ich wünsch' Dir stets, Du sei'st gesund.

Ganz schmerzlich aber trifft mich oft
die Angst, dass Dir ganz unverhofft
auch könnte Schlimmeres geschehen –
am Ende könnt'st Du von uns gehen.

Und ich wüsst's nicht – wüsst' nicht einmal,
warum, wie lange Deine Qual.
Könnt' gar nichts tun, weil ich nichts weiß –
dann überläuft's mich kalt und heiß.

Tut mir das gut? Ich kann nur so
mich wirklich fühlen, bin doch froh
zu schreiben, um das auszudrücken,
was ich verberg' vor fremden Blicken.

Wie's weitergeht, steht in den Sternen,
und magst Du Dich von mir entfernen –
was mir am Ende immer bliebe:
Zu Dir die große, stille Liebe ◆

Tagtraum

Es könnt' ja sein,
dass nach den Jahren, die jedes unser Leben waren,
die Zeit kommt mit der Möglichkeit,
dass wir sind offen und bereit,
mal nach dem Anderen zu sehen
und aufeinander zuzugehen.

Könnt' es denn sein,
dass wir uns trennen,
uns nicht mehr so wie früher kennen,
nicht mehr vertraut sind und verbunden –
enttäuscht vom Leben, arg geschunden?
Wozu wir hätten mitgetragen
der Partner Leben, Müh' und Plagen?

Es muss nicht sein,
dass Du verzagst, nur noch alleine bleiben magst,
nach aller Trauer müde bist,
am liebsten manche Zeit vergisst:
Mit Jahr und Tag, und Stück für Stück,
kommt Deine Lebenskraft zurück! ▶

So könnt' es sein:
Erwacht und frei, ein neues Leben vor Dir sei,
auf neuen Wegen gehst Du weiter –
vielleicht darf sein ich Dein Begleiter?
Wie nah, wie locker, in der Stille –
den Weg, den Ort, bestimm' Dein Wille!

Es könnt' dann sein,
dass wir uns finden, was neu in uns ist,
zu ergründen –
nicht töricht greifen nach den Sternen –
einander besser kennen lernen.
Mit Vorsicht und Besonnenheit
uns schenken Ruhe, Raum und Zeit.

Es könnt' ja sein,
dass mit der Zeit wächst unsere Verbundenheit,
dass wieder mehr Du für mich fühlst
und mich doch gerne haben willst,
am Ende mich ein wenig liebst,
die alte Zärtlichkeit mir gibst?

Bleibt's nur ein Traum?
Was könnte sein, was wird wohl sein –
's weiß Gott allein. ◆

Frauen

Fast leiblich ich Dich vor mir seh'
im Sprachkurs mit Anouk Charlier –
so lieblich wie ein Gläschen Sherry
an Dich erinnert Halle Berry –
und irgendwann bewusst mir ward's:
Dir ähnelt doch auch Jessie Schwarz!

Als Femme fatale, kein kühler Frosch,
Dir gleicht für mich Juliette Binoche –
als Köchin gar, des Gaumens Diener,
erscheint mir ähnlich Sarah Wiener.
Es hat – für mich nichts ganz Normales –
die Stimm' von Dir Andrea Nahles.

Sie alle sind oft anzuschauen
und zweifelsohne tolle Frauen.
Seh' ich dann eine, gibt's 'nen Stich,
denn sie erinnert mich an Dich –
mal nur ein wenig, manchmal sehr,
so wächst die Sehnsucht umso mehr. ▶

Doch diese Frauen sind nicht Du,
sie stehl'n mir weder Schlaf noch Ruh'.
Die ganze Schar, in einen Topf
hineingesteckt von Fuß bis Kopf
und dreimal kräftig umgerührt –
mein Herz zu Dir doch wieder führt.

Denn Du stehst einzig über allen,
wie Du kann keine mir gefallen.
Dein Wesen, Denken, Fühlen, Mut,
Gestalt und Liebreiz tun mir gut.
Kann Deinen Zauber kaum erklären –
Möcht' nur – Gott weiß – Dein Glück vermehren. ◆

Albtraum

Manchmal überkommt mich die Angst.
Angst vor dem Lauf der Zeit, die mir die Träume
schneller entreißt als sie geträumt werden.
Angst, bald alt, hässlich, leer, hilflos,
mangelhaft zu sein,
was heißt, nicht mehr zu lieben
und nicht mehr geliebt zu werden.

Denn nur mit der Liebe lässt sich das Alter ertragen.
Die Liebe ist für mich die Lebenskraft,
die den Einen von anderen Menschen
unterscheidet,
ihn hervorhebt und einzigartig macht,
auch wenn er alt ist.

Ein liebendes Lächeln lässt uns jung erscheinen,
Die Freude, geliebt zu werden, hält uns gesund.
Dann fühlen wir uns nicht mehr müde und wertlos,
sondern lebendig, aktiv, wichtig und benötigt.

Nur die Liebe ist imstande,
den Panzer zu durchbrechen,
den wir uns gegen den Alltag anlegen mussten,
nur der Liebe gelingt es, das dicke Fell,
das unsere Seele vor Verletzungen schützen soll,
und Abgrenzung und Resignation abzuwerfen. ▶

So dass das Kindliche, Liebenswerte in uns
wieder hervorleuchtet,
frei atmen und aufleben kann,
das solange von Vernunft,
Solidarität oder Gewohnheit unterdrückt
und zum Stillhalten, Verzichten und Leiden
gezwungen war.

Doch dass das Kind in uns
nicht noch einmal so enttäuscht
und verletzt wird, bedarf es der Himmelsmacht,
die Liebe neu entstehen zu lassen,
den Mut zum Neubeginn zu fassen
und selbst dann die Verletzbarkeit zu riskieren.

Denn die Liebe ist Weg und Ziel zugleich.
Ein resignierender Abschied von der Liebe
ist dann schon ein früher Tod
des liebenswerten Kindes
und damit des Besten in uns –
davor habe ich manchmal Angst. ◆

Werben

Suche

Lange, ohne viel Erfolg,
schriebst Du Briefe viele Stunden –
ohne Brief und ohne Bild –
mailend hast Du mich gefunden.

Deine Stimm' am Telefon
mich von Anfang an entzückte,
Deine Sprache und Dein Ton
mich in Deine Nähe rückte.

Schon nach unsrem ersten Abend,
mocht' ich Dich, entschied ich mich –
wie ein muntres Fohlen trabend,
würd' ich da sein gern für Dich.

Hat uns nun das Glück getroffen,
sind wir uns genug vertraut?
Sind einander wir ganz offen –
unter und auch auf der Haut?

Was Du fühlst und denkst und sagst,
macht mich glücklich, lässt mich hoffen,
was Du glaubst und sprichst und fragst,
macht mich froh, zugleich betroffen.

Wenn vom Leben wir erzählen,
was wir alles durchgemacht,
gibt es manche Parallelen,
die uns auch Gewinn gebracht. ▸

Und summier'n wir die Erfahrung,
die wir ganz getrennt erlebt,
folgt vielleicht die Offenbarung,
von uns beiden angestrebt.

Abgesehn von vielen Schätzen,
die ich noch in Dir vermute,
kann ich mich an Dir ergötzen –
meinen Augen kommt zugute …

… nicht nur Deine Traumfigur –
Deine Kleidung ist nicht ohne,
vom Typ „Oma" keine Spur –
Du wirst niemals zur Matrone!

Du hast ein so schönes Lachen
und Dein Kopf ist klein und fein,
kannst mir so viel Freude machen –
Deine Lippen laden ein …

… und so viele Attribute,
die ich nur Dir selbst benenne,
alle kommen mir zugute,
seit ich dich nun näher kenne.

Manche Deiner Eigenschaften,
Deines Wesens feine Züge,
bleiben mir im Herzen haften,
wenn ich mich nicht selbst belüge. ▸

Was Dich freut und was Dich stört,
möcht' so gern ich mit Dir teilen –
Du bist für mich liebenswert –
lass uns leben, doch nicht eilen!

Was ich alles ausgelassen,
sag' ich Dir persönlich nur –
um Dich Kunstwerk zu erfassen,
brauch' ich Zeit und Muße pur! ◆

Du Frau

Du Frau,
die ernsthaft ich heut' frag':
„Willst meine Liebe spüren,
die mich erfüllt bei Nacht und Tag?"
Möcht' gern zum Glück Dich führen!

Du Frau,
die ich so gerne hätt',
ich möcht' Dich lieben können
tagein, tagaus, und auch im Bett –
will mich nicht mehr verrennen.

Du Frau,
die ich zum Leben brauch',
kannst mit mir lachen, leiden –
kannst bei mir sein und wohnen auch,
kannst Not und Stress vermeiden.

Du Frau,
die jetzt mein Herz erfüllt,
so hübsch und schlank kannst bleiben!
Ich selbst bin auch dazu gewillt,
möcht' Sport und Fitness treiben.

Du Frau,
nach der ich heute schau',
Du sollst mich nicht nur mögen!
Dass Jeder auch dem Andren trau',
heißt, dass wir uns bewegen. ▶

Oh Frau –
die Du nun dieses weißt,
willst Du's mit mir beginnen?
So sag', wie Deine Antwort heißt,
eh' unsre Jahr' verrinnen! ◆

Wie alles kam

Du hast mich überrascht, getroffen
ganz tief ins Herz, in Bauch und Kopf,
ich war zu lang für Jene offen,
die steh'n mich ließ als armen Tropf.

Wie Schuppen von den Augen fiel's
an jenem Abend im August –
ich wurd' mir klar des neuen Ziels,
ließ hinter mir den langen Frust.

Obwohl Du gar nichts sagtest, machtest,
was irgendwie nach Nähe roch,
bewirktest Du, eh' du es dachtest,
in mir ganz Wesentliches doch.

Dein Wesen, Stimme und Gestalt,
die Frische, die Du mit Dir führtest,
macht' nicht vor meinen Augen Halt –
sie trafen tiefer, als Du spürtest.

An jenem Abend macht' es „Klick" –
Du warst ganz neu für Herz und Augen,
und weder Gründe noch ein Trick,
zunächst mir zur Erklärung taugen.

Hätt' nie geglaubt, dass es so kommt,
wollt' lange keine neue Frau,
dann bist Du da, nur da – und prompt
ganz neu ich mich zu fühlen trau'. ▸

Du hast das wohl nicht gleich bemerkt,
Dich dennoch *wie zu Haus'* gefühlt.
Das hat mein Wollen schnell bestärkt –
hast Du mir einen Streich gespielt?

Nach 14 Tagen warst Du platt,
als ich im Ernst Dir dann erklärte,
dass Amors Pfeil getroffen hat,
so sehr sich die Vernunft auch wehrte.

Ich wollt' Dich ja nicht überfahren,
weil ich schon etwas „Vorsprung" hatte,
so hofft' ich, dass nach all den Jahren
ich abzuwarten nicht ermatte.

Im Endeffekt hängt's ab von Dir,
was uns die Zukunft bringen wird,
längst offen steht Dir meine Tür,
das hast Du sicher nun gespürt.

So weißt Du jetzt, wie alles kam,
das Weitere kannst selbst Du wählen –
ich bin Dir nur ein bisschen gram,
wenn wir dann nur als Freunde zählen.

Doch Freunde können wir auch bleiben,
wenn wir nicht völlig harmonieren –
das muss die Liebe nicht vertreiben,
sie kann auch gerne mal pausieren! ◆

Für und Wider

Was mag dafür/dagegen sprechen,
wenn wir uns Schritt für Schritt vereinen?
Wir sollten übers Knie nichts brechen,
auch nichts von vornherein verneinen.

Dagegen spricht zunächst mein Alter –
und Du so jung und frisch und froh –
doch bin ich fit, aktiv – Gestalter
so mancher Tat – das seh' ich so.

Spricht denn dagegen meine Nase –
ich sei nicht schön genug für Dich,
mein Look bring' Dir nicht gleich Ekstase –
im zweiten Blick erst magst Du mich?

Ein Trauma, dass ich noch nicht kenn',
aus böser Zeit, aus schlimmem Grund,
belastet Dich vielleicht und wenn
Du fühlst, ist's da von Stund' zu Stund'?

Was anderes fällt mir nicht ein,
auch Deine Lieben uns nicht trennen,
und meine Leute wird es freu'n,
wenn wir uns zugeneigt bekennen.

Ich hoff', mein Tempo stört Dich nicht,
bin gern aktiv nach langem Warten –
so sieh's mir nach, auch dies' Gedicht –
möcht' unsren Weg so gerne starten! ▶

Dafür nun sprechen unsre Brücken:
Familie, Bildung, Mut zum Leben –
dass wir uns nicht vor Pflichten drücken,
die immer wieder sich ergeben.

Du bist für mich die starke Frau
mit Optimismus, Offenheit,
und Deinem Wesen ich vertrau',
zu vollem Einsatz stets bereit.

Denn ich bin auch kein schwacher Mann
und trau mir allerhand noch zu –
weiß, was ich will und was ich kann,
und komm' noch lange nicht zur Ruh'.

Biet' Liebe Dir und Sicherheit,
Kultur, Musik und auch mein Geld –
auch wenn schon öfter ich gefreit,
so hoff' ich, Dir's mit mir gefällt.

Ich fühl', uns lacht die Riesenchance,
gesichert und im Glück zu leben,
wenn wir erreichen die Balance
aus Pflichten, Zeit und frohem Streben.

Mir scheint, das Gute überwiegt,
Probleme lassen sich beheben.
Wenn wir es woll'n, dann wird besiegt,
was hindert' uns am guten Leben. ▶

Die Frau wie Dich find' ich nicht mehr
und Du auch keinen Mann wie mich!
Drum lass uns zögern nicht zu sehr –
Gott lässt uns sicher nicht im Stich! ◆

Symmetrie

Wenn Zwei sich treu vereinen möchten,
im Glück zusammen leben wollen,
sie manchmal miteinander rechten,
auf was sie denn verzichten sollen.

Es gibt sie nicht, die Symmetrie,
dass Sie so fühlt und lebt wie Er,
dass Er genauso denkt wie Sie –
das macht das Leben oftmals schwer.

So viel Verschied'nes existiert
an Bräuchen, Dingen – liebgewonnen –
was ernsthaft zu Problemen führt,
eh' echte Zweisamkeit begonnen.

Wie sehr sind Job und Hobby wichtig,
vielleicht Musik als Leidenschaft?
Darum ist abzuwägen richtig:
„Hab' ich für alles dies' die Kraft?

Hab' ich für dieses alles Zeit?
Bleibt sonst der Andre auf der Strecke?
Bin ich für ihn so ganz bereit,
dass seine Lieb' und Treu' ich wecke?

Wenn Tier' und Möbel stärker zählen
als Partnerschaft und Sicherheit,
dann sollt' ich diesen Weg nicht wählen –
bleib' besser dann von ihm befreit." ▸

Was bleibt an Zeit uns bis zur Bahre
für Glück und Freude, Lebenslust?
Schnell geh'n sie hin, die besten Jahre,
bis Krankheit, Alter bringen Frust.

Hab' nicht mehr so viel Zeit wie Du,
auch wenn ich nicht in Panik bin –
die Jahre fliegen hin im Nu
und jedes Jahr braucht Ziel und Sinn.

Was ich Dir biet', solang' ich lebe,
sind Zeit und Glück und Sicherheit –
was ich mir wünsch' und was mich freut,
sind Liebe, Zeit und Zärtlichkeit.

Wir sollten uns auch nicht verbiegen,
nein, zu uns selbst am treusten steh'n –
auch unsre Seelen nicht betrügen,
viel mehr mit Sorgfalt in uns geh'n.

Mit Sorgfalt denken, dennoch fragen:
Was sagt mein Herz, was fühle ich?
Gemeinsam' Zeit braucht's, um zu sagen:
„Ich kenn' Dich, darum lieb' ich Dich!"

Sich anzunähern, braucht viel Zeit,
braucht Austausch, Reden, manchmal Schweigen,
benötigt viel Gemeinsamkeit –
sich offen füreinander zeigen. ▶

Nie kommt sie ganz, die Symmetrie,
im Leben, Denken, Handeln, Fühlen,
doch geht's auch nicht ganz ohne sie:
Auf gutem Weg zu gleichen Zielen.

Wenn wir dann doch aus vielen Gründen –
und kein Grund zählt' für sich allein –
nicht, wie erhofft, zusammenfinden,
dann hat es wohl nicht sollen sein.

Verzeih', dass so direkt ich schreib',
möcht' alles immer besser machen –
damit das Glück uns beiden bleib',
wünsch' ich uns viele schöne Sachen. ◆

Der Webervogel

Ein Webervogel hat's nicht leicht –
er baut sein Kugelnest zeitlebens –
wenn's seiner Liebsten dann nicht reicht,
war seine ganze Müh' vergebens.

Sie kommt und äugt und prüft und zupft,
das, was ihr Freier da geschaffen –
gefällt's ihr nicht, sie zerrt, zerrupft,
zerstört sein Nest, macht ihn zum Affen.

Ich Webervogel bin dabei,
mir selbst ein Nest neu einzurichten –
wie schön, wenn es das letzte sei,
hab' längst genug von Baugeschichten.

Gewiss, es ist für mich allein,
ein Schlösschen für die alten Tage,
dort will ich mich des Lebens freu'n,
die Zeit genießen, keine Frage.

Doch lass' ein Türchen ich noch offen
auf meinem Weg ins hohe Alter,
möcht' gern auf meine Liebste hoffen –
nicht nur für mich bin ich Gestalter. ▸

So soll ein hübsches Zimmer hier –
wenn's sich ergibt, Gott weiß, warum –
sie locken mal als Gast zu mir,
ich hoff', *sie* nimmt mir das nicht krumm.

Ja, möglichst fraulich soll es sein,
mein kleines, schmuckes Gästezimmer,
in warmem Ton, voll Sonnenschein,
dass *Frau* sich wohlfühl', wann auch immer.

Denn ohne Ziel ist schlecht zu bauen,
für mich allein nicht Sinn genug –
doch *sie* ist's wert, nach von zu schauen,
auch wenn's vielleicht ein Selbstbetrug.

Natürlich lässt sich nichts erzwingen,
doch ewig würd' ich mich wohl hassen,
wenn ich in meinen Liebesdingen
hätt' etwas unversucht gelassen.

Wo ich dem Webervogel gleiche?
Im Fleiß, der Mühe, der Geduld,
mit denen ich mein Ziel erreiche –
wenn's schiefging', wär' es meine Schuld? ▶

Was mich vom Vogel unterscheidet?
Ich tu' das ja nicht instinktiv –
ich lieb' *sie*, auch wenn *sie* mich meidet,
nachdem *sie* einst mich zu sich rief.

So richt' ich gern *ihr* Zimmer her,
lass' meinen Traum durch nichts zerstören –
so lang' es ohne *sie* bleibt leer,
soll meinen Gästen es gehören! ◆

Nachgedacht

Was jetzt kommt, soll Dich nicht bedrängen,
möcht' Dir nur Angebote machen,
denn wir sind frei von vielen Zwängen.
Es geht um lauter schöne Sachen, …

… die wir zu zweit erleben können,
wenn wir uns nähern, lieben lernen
und all' die Dinge, die uns trennen,
artikulieren, dann entfernen.

Nach 14 Tagen, sprich vier Wochen,
die Du und ich wohl nachgedacht,
seitdem ich Klartext hab' gesprochen,
lag wach ich manche lange Nacht.

Da geht's um's Geld, um faires Teilen,
um Arbeit, Weiterbildung, Wohnen
und, eh' die Wochen uns enteilen,
um schöne Treffen, die sich lohnen.

Ich hab' für Dich ein paar „Optionen",
wie wir uns leichter nähern können –
ich will nicht stur im Städtchen thronen,
Du sollst nicht hetzen und nicht rennen!

Wenn dann Dein Stress um's Geld wird klein,
und Du mit Zeit mich kannst verwöhnen,
dann könn'n wir mehr zusammen sein,
ich hoff', wir beide das ersehnen. ▶

Denn ich möcht' ganz viel von Dir wissen,
Dich besser kennen – lieben lernen,
und nicht, nach ein paar heißen Küssen,
mich möglichst bald von Dir entfernen.

Wenn Umständ' nicht im Wege steh'n,
die sich verbessern, mildern lassen,
dann kann Dein Herz sich frei ergeh'n,
kann meine Sehnsucht wohl erfassen.

Doch sind die Umständ' nicht der Grund,
der Dich lässt zögern, gar verneinen,
dann ist vergebens jede Stund',
die wir verbringen nicht im Reinen.

Dies' alles und viel mehr im Bauch,
und auch im Kopf beim Denken, Grübeln,
treibt mich zum Reden, Dichten auch –
das kannst Du mir doch nicht verübeln! ◆

Ent-Täuschung

Aus voller Fahrt

Gestern hofft' ich – dann und wann –
dass es Dich schon gibt,
bald darauf wurd' ich der Mann,
der Dich herzlich liebt.

Du hast mir so gut gefallen,
mich so tief berührt,
hast so froh und klar mit allen
Sinnen mich verführt.

Wie Dein Prinz, so fühlt' ich mich,
den Du nun erlöst,
denn ich wäre ohne Dich
doch als Frosch verwest.

Wollt' Dich lieben rundherum,
teilen Freud' und Leid –
frag mich nur, wieso, warum –
frag zur rechten Zeit!

Denn ich hab's wohl übertrieben,
Dir so nah zu sein,
kannst so schnell mich noch nicht lieben,
willst Dich erst mal freun …

… dass wir uns gefunden haben,
um nach vorn zu sehn,
wie zwei Pferdchen munter traben,
zueinander stehn? ▶

Dann begriff ich gar nichts mehr,
plötzlich klafft ein Spalt
zwischen uns so tief und schwer –
das Signal auf Halt?

Bin gestürzt, in voller Fahrt
aus der Autotür,
auf den Asphalt, rauh und hart –
nichts verstand ich mehr!

Lange war ich wie erstarrt,
lag da wie zerstört –
hätt' mich nicht mein Gott bewahrt,
meinen Schrei gehört.

Traurig, hilflos fühlt' ich mich
nach der Flitterzeit –
da zu sitzen ohne Dich
war ich nicht bereit.

Langsam kommen die Gedanken,
was die Gründe wären –
können wir, trotz aller Schranken,
unsre Liebe mehren?

Glaub' mir, Liebste – mein *Projekt*,
hab' dazugelernt –
und, nachdem ich Dich entdeckt',
nicht von Dir entfernt! ▶

Möcht' Dir nah' sein ohne Enge,
tief im Herz' Dich spüren,
ohne törichtes Gedränge
gern zum Glück Dich führen. ◆

Du

Wo bist Du?

Wo bleibst Du, während ich liebe,
denke, ahne, vermute?
Welches sind Deine Gefühle, Gedanken, Wünsche,
Deine Erfahrungen, Veränderungen?

Je mehr Du mich schweigend hängen lässt,
desto mehr bin ich auf mich zurückgeworfen,
auf allein meine Gefühle, auf meine Ahnungen,
auf meine Träume und auf meine Sicht der Dinge
und um so weniger leben Deine Gefühle,
Deine Realität und Deine Wünsche darin –
das ist schlimm und traurig!

Nie war ich offener, neugieriger, durstiger
nach den Wahrheiten eines anderen Menschen
als bei Dir!
Nie hatte ich mehr Herzklopfen
vor einer Begegnung ... als mit Dir
und nie mehr Ungewissheit ...
... wie alles ablaufen würde. ▶

Du erfüllst und bereicherst meine Gefühle
und mein tägliches Denken
mehr als jeder andere Mensch!

Auch wenn Du – weiß ich's? –
vielleicht lange nicht mehr so fühlst für mich
wie vor vielen Jahren:
Was denkst Du über mich ... über uns?
Fragen, deren Antwort für mich lebenswichtig sind.

Du fehlst mir so sehr! ◆

Ich frag'

Ich frag', weil ich so traurig bin,
weil ich mich hart getroffen fühl',
denn Du gabst meinem Leben Sinn,
mit Dir und uns trieb ich kein Spiel.

Ich frag', was muss geschehen sein,
was alles hab' ich falsch gemacht,
dass Du so schimpfst und machst mich klein,
weil ich aus Sorge nachgedacht?

Ich frag', womit ich das verdiene,
dass mich so kalt Dein Zorn ereilt –
war'n denn für uns nicht Schuld und Sühne
auf beiden Seiten gleich verteilt?

Ich frag', was fütterst Du mich an
und ich fühl': Ja, ich steh' zu Dir!
Doch wenn zurück ich nicht mehr kann,
verschließt Du leise Deine Tür. ▶

Ich frag', hast Du denn ganz vergessen,
dass ich mich Dir hab' fest versprochen –
kannst meine Treue nicht ermessen,
die ich bis heute nicht gebrochen?

Ich frag' mich, bleibt schlussendlich nur
zu Dir der längste Weg von allen,
die mir verhasste Ochsentour –
kann ich dereinst Dir noch gefallen?

Ich frag', was Gott mir sagen will,
so hart, wie er Dich sprechen lässt –
ich lieb' Dich dennoch und bin still
und halt' an allem Schönen fest. ◆

Brief aus Polen

Aus Polen möcht' ich Dir so gern
was Gutes, Wahres schreibend schenken,
denn so ist mir zu Mute hier –
an Dich von früh bis spät zu denken.

Mit jedem Wort, was Du mir sandtest,
aus dem mir so viel Wärme klang,
Du mich erfreutest, Kraft gabst, Mut gabst –
tage-, sogar wochenlang.

Hab' jedes Wort für mich gewogen,
dabei gedacht: „Wie schön von ihr!"
Dass meine Worte Dich erfreuten,
war Pflicht für mich und frohe Kür.

Die Zeit in Polen, weit entfernt,
ist eine Chance für Dich und mich –
ob sie uns guttut oder trennt,
das merken wir bald sicherlich.

Für mich war's Glück und Freude, Hoffnung,
war's Zeit zum Fühlen und zum Denken,
denn diese Zeit bracht' mir das Ziel,
Dir nah zu sein, Dich nicht zu kränken.

Wie mag es mit uns weitergeh'n,
dann – nach dem späten Wiederseh'n –,
wie werden wir uns neu begegnen
und fragend voreinander steh'n? ▶

Auch *mir* fällt's schwer vorauszusagen,
das, was der Andre fühlt und denkt –
Du kannst jedoch mich freundlich fragen,
was stark zu Dir mich zieht und lenkt: ...

... Dass ich Dich liebe, hab' ich nicht
nur einfach so dahingesagt –
es kam ganz tief von innen her,
ich ließ es 'raus, ich hab's gewagt!

Auch Du hast bald mir „Ja" bedeutet –
„Wir wollen es doch beide so!?"
das schönste Spiel uns eingeläutet –
was war ich glücklich, war ich froh!

Darum, was ich von Herzen wünsche,
das ist ein Wort von Dir zur Zeit –
dass Du mich magst und haben willst,
ganz gleich, wie oft, wie nah, wie weit.

Verlassen und verlassen werden,
das ist bei uns schon länger her,
willst Du mich ganz grundsätzlich nicht,
so trifft mich dieses tief und schwer.

Sollt' es dann doch nicht weitergehen,
bleibt „Polen" mir, was jetzt es ist –
auch die zwei Wochen lass' ich stehen:
Hab' Dich geliebt, umarmt, geküsst! ▶

Hab' mich bemüht und hab' gerätselt,
hab' ganz auf Dich mich eingelassen –
mehr kann ich nicht – bin nur ein Mensch,
der seine Chance möcht' gern erfassen.

Ich möcht' Dich locken, nicht verstocken,
will bei Dir sein im Auf und Ab,
Dich glücklich machen, mit Dir lachen –
wenn Gott es zulässt, bis ins Grab.

Verzeih', dass so direkt ich bin –
taktieren liegt mir nicht im Blut!
Seh'n beide wir denselben Sinn,
dann wird's mit uns am Ende gut! ◆

Ich wüsst' so gern

Ich wüsst' so gern, wie Du mich möchtest –
wie müsst' ich sein, Dir zu gefallen –
was irritiert und stört an mir Dich,
weil Träume aufeinander prallen?

Ich schreib' so gern Dir von der Freude,
die Du mir ja so oft gemacht,
und schreib' den Schmerz mir aus dem Herzen,
den Du mir einmal schon gebracht!

Es lohnt sich doch, es zu versuchen,
einander so vertraut zu sein,
dass unsre Wege sich verbinden,
wir Vieles meistern im Verein!

Ich weiß um meinen eignen Wert,
würd' diesen Schritt sonst nicht betreiben –
ich kann ein guter Mann Dir sein,
Du musst als Frau nicht einsam bleiben!

Und hilft uns nicht die Gegenwart,
den guten Weg herauszufinden,
dann lassen wir uns noch mehr Zeit,
des Schicksals Willen zu ergründen. ◆

Besinnung

Was braucht's

Was braucht's, dass sich zwei Leben finden,
die, lang getrennt aus klaren Gründen,
ein jedes seine Höhen hatte,
auch schlechte Zeiten, dunkle, matte,
in denen man verzweifeln sollte,
weil gar nichts mehr gelingen wollte?

Was braucht's, wenn kaum Kontakt bestand –
ein Jedes lebt in seinem Land,
sich ganz getrennt entwickelt hat,
vielleicht ein neugeschrieb'nes Blatt?
Was blieb vom einst geliebten Kern,
sind wir nun fremd, sind wir uns fern?

Es braucht wohl erst mal viel Geduld,
denn keiner von uns trägt die Schuld,
dass alles kam, wie es gekommen,
wie wir es tapfer angenommen.
Geduld – den Andren gehen lassen
und seine Träume ganz erfassen. ▶

Es braucht dann reichlich Toleranz –
nie kennen wir den Andren ganz,
wie wir uns selbst zum Teil nur kennen,
in Illusionen uns verrennen.
Wie groß sind unsre Möglichkeiten,
wann enden unsre Lebenszeiten?

Auch braucht's ein wenig neue Liebe –
nur Stückwerk ohne sie verbliebe,
nur seichtes Nebenanderher.
Wir machten uns das Leben schwer
mit typischen Alltäglichkeiten,
die wieder dann den Schluss bereiten.

Vor allem braucht es Seine Gnade
von oben her, dass uns nicht schade,
was wir beginnen und erhoffen –
wie's ausgeht, bleibt wie immer offen.
So bitt' ich stets um Gottes Segen,
er leite uns auf unsren Wegen. ▶

Und diese Wege führ'n zu Dir –
wo immer willst Du sein mit mir,
da will ich sein und mit Dir leben,
flexibel bleiben, offen eben.
Wenn wir uns glücklich treffen sollen,
so folg' ich Dir – wohin wir wollen …

… wohin *wir* wollen? Recht verstanden!
Bin gern in unsern deutschen Landen.
Ein wenig Wasser in der Näh' –
ob Fluss, Kanal, ob still ein See,
würd' mir als Heimat schon genügen,
wollt' ich mich selbst nicht gar betrügen.

Zu allem Andren sag' ich Ja,
bin ganz bei Dir und für Dich da,
in Deiner Welt, bei Deinen Lieben,
sollst sie durch Abstand nicht betrüben!
Ich denk' und fühl' und hoff' auf Dich –
denkst Du gelegentlich an mich? ◆

Johann und Lotte

Will mich mit Goethe nicht vergleichen –
von seinem Geist mich trennen Welten –
um seine Dichtkunst zu erreichen,
verspür' ich sein Genie zu selten.

Doch fühl' ich mich mit ihm verbunden
und steh' mit ihm auf Augenhöhe:
Was er für Lotte hat empfunden,
fühl' ich für Dich, trotz Mann und Ehe!

So viele Jahr' er Briefe schrieb,
sich sehnte, litt, Geschenke machte –
was ihm nach knapp 10 Jahren blieb,
war nicht das Glück, das er sich dachte.

Er reiste nach Italien ab –
enttäuscht, beschäftigt, abgelenkt –
und vorher schwieg er wie ein Grab,
dass Lotte sich nichts Böses denkt.

Hier endet die Gemeinsamkeit,
die mich mit Goethes Weg verbindet:
Mir tät's um meine Liebe leid,
wenn sie ein solches Ende findet. ▶

Denn erstens lebt sie schon viel länger
als Goethes Sehnsucht nach Frau Stein
und zweitens sind die Bande enger,
die mich bestärken, Dich zu frei'n.

Ja, drittens, unsre Altersstufe
und die Erfahrung vieler Jahre
erlauben andre Lebensrufe –
vergleicht man diese beiden Paare.

Zu guter Letzt der vierte Grund,
der mich erfüllt mit Zuversicht:
Wir beide leben noch zur Stund –
Johann und Lotte tun das nicht ◆

Grübelei

So viele Mal', so viele Stunden,
hab' ich mal „nach"-, mal „vor"-empfunden,
hab' mich gefragt, hab' mich gequält,
was Du wohl fühlst; ob der noch zählt,
der einst so wichtig war für Dich
und der heut' grübelt, ganz für sich.

So, nicht einmal mit Postverbindung,
fehlt ihm die leiseste Empfindung,
was Du für ihn noch übrig hast,
im Alltag, mit des Lebens Last,
mit Deiner Purzels Widrigkeiten,
die Sorgen Dir genug bereiten.

Hab' über Dich so oft gegrübelt,
doch Dir Dein Schweigen nie verübelt,
und alles wäre halb so schwer,
wenn nur ein kleiner Austausch wär':
Zu wissen mehr von Deinen Wegen,
daran ist mir so sehr gelegen!

Du magst Dich schütteln, magst Dich schämen,
magst gruseln Dich und magst Dich grämen,
indem Du denkst: "Verrückt, der Mann –
was geht er mich denn heut' noch an?"
Was Du aus allen Zeilen lernst:
Das ist kein Spaß – es ist mein Ernst! ▶

Ich bin glasklar, bin Realist
und weiß, wie weit entfernt Du bist.
Ich tick' noch richtig, bin gesund
und nicht gefallen auf den Mund –
doch Realismus, das ist eben
die eine Seite nur im Leben.

Es gibt da noch die weiche Seite,
die ich zu haben nie bereute,
und diese Seite steht Dir nah,
seitdem ich Deine Liebe sah
mit Augen, die Dich besser sehen,
als Unbeteiligte verstehen.

Und so hab' ich ein Bild von Dir,
von Deinem Innern, das sich mir
vertrauend einst geöffnet hat,
als tief ich in Dein Leben trat.
Auch wenn ich Dich nie ganz besessen –
ich kann Dich einfach nicht vergessen! ◆

Diametral

Eins wird mir klar, nach Träumen ohne Zahl,
die vor mir schwebten, Illusionen schafften,
dass unser Fühlen ist diametral –
so ist es nun, das muss ich wohl verkraften.

Denn unser beider Wege divergieren,
wie ich es heute nicht recht glauben kann.
Wir liebten uns und wollten uns liieren,
doch schlug das Schicksal uns in seinen Bann.

Du bliebst bei *ihm* in altgewohnter Weise,
trotz vieler Zweifel und nach hartem Ringen.
Du fühltest sich'rer Dich im alten Gleise
und wolltest stützen *ihn* vor allen Dingen.

Du kehrtest um, gingst tapfer Deinen Weg.
Ich nahm es schließlich, endlich, traurig hin
und lernte weiterleben – offen und nicht träg' –
auch ohne Dich zu finden Glück und Sinn.

Mir schwant, Du hattest mit mir abgeschlossen,
nur Ehrgefühl und Mitleid trieben Dich,
dass überhaupt noch knappe Worte flossen,
eh' Du mich, gänzlich schweigend, lässt im Stich.

Ganz gegensätzlich scheinen mir die Ziele,
die heut' wir haben bis zum Grabe:
Gemächlich dreh' sich Deines Lebens Mühle,
derweil ich liebe, lebe – Träume habe. ▶

So viele Ecken schleift die Zeit nicht runder,
denn unsre Leben sind diametral.
Vereinen kann uns nur ein großes Wunder –
was hart für Dich, wär' mir ein Hoffnungsstrahl.

Ich steh' Dir nah, bin treu aus tiefster Seele –
nur was Dich frei und glücklich macht, soll sein!
Wenn ich dies' Ziel, will's Gott, vielleicht verfehle,
bleib' nah ich Dir doch immer – und allein. ◆

Wie ging' es mir

Wie ging' es mir, würd' ich so sehr geliebt,
wie Du es wirst?
Was fühlt' ich dann, wenn ich es ahnte, wüsst' –
doch wollt' ich's nicht?
Würd' ich's als Druck verspür'n, weil längst vorbei
und störend gar?

Würd's schmeicheln mir und zeigen auch,
welch' großen Wert ich hab'?
Würd's mir gefallen und mich stärken,
mich auch sich'rer machen?
Wär's recht mir und willkommen,
unterm Strich dann doch verdient?

Wie wär' ich denn zu Dir, die zu mir steht,
treu bis zum Tod?
Hätt' ich Respekt vor Deiner Liebe,
wollt' ich sie versteh'n?
Wie ging' ich um mit diesem Menschen,
den ich sehr geliebt?

Käm' ich ins Grübeln, würd' gar zweifeln ich
an meinem Weg?
Würd' ich es wagen, mal zu schreiben,
auf Dich zuzugeh'n?
Könnt' tief in mir erneut erwachen,
was mich einst beseelt? ▶

Zu jeder dieser Fragen
könnt' ich als Mann was sagen!
Doch fühlend such' beizeiten
ich Antwort abzuleiten
aus Deiner Seele Gründen –
Gedanken zu empfinden,
die eine Frau sich macht,
versuch' ich Tag und Nacht.

„Ich glaubt', Dich gut zu kennen,
mich Dir ganz nah zu nennen –
doch heut' ich nicht verhehle,
dass meine Mannesseele
hier ihre Grenzen hat –
verlor zu Dir den Draht,
entzwei die Nabelschnur,
verhallt Dein Treueschwur.

Der Umweg über mich
zu Dir verbietet sich –
mein Fühlen kann nicht klären,
was Du mir willst verwehren.
So bleibt mir nur zu hoffen
und alles bleibt ganz offen,
bis Du die Antwort gibst – – –
wenn Du mich wieder liebst." ◆

Weisheit

Ich wäre gern so richtig weise,
zufrieden, dankbar, klug und leise –
dann fehlt' mir nichts, ich hätte alles,
was ich mir wünsch' im Fall des Falles.

> Weisheit braucht Wissen,
> heißt Tun und Lassen –
> nichts mehr vermissen,
> nur lieben, nicht hassen?

An Wissen hab' ich wohl genug –
mein Lernen lange Zeit betrug,
den Rest bracht' vieler Jahr' Erfahrung,
der Alltag manche Offenbarung.

Hab' viel getan, nicht viel gelassen,
konnt' oft mein Glück nicht gleich erfassen,
hatt' wenig Pech, hab' viel erreicht –
mein Weg dem eines Siegers gleicht.

Doch mein Verdienst ist's nicht allein,
mein Herrgott trat für mich stets ein,
ließ manchen Kelch vorübergeh'n
und half mir, stets nach vorn zu seh'n.

> Weisheit ist Dankbarkeit
> für das Erlebte,
> gibt mir Zufriedenheit
> für das Erstrebte. ▶

Mit Klugheit selbst die Grenzen setzen,
Erfolgsaussichten abzuschätzen, –
auch dies ist meiner Weisheit Ziel –
braucht Fingerspitzen-Feingefühl.

Zufriedenheit mit vielen Dingen,
auch wenn sie oftmals nicht gelingen –
Vertrauen auf den tief'ren Sinn,
den such' ich, wenn ich ratlos bin.

Bin nicht gern leise, eher offen,
sprech' gern vom Sehnen und vom Hoffen –
da gibt's für mich noch viel zu lernen,
um mich vom Ziel nicht zu entfernen.

> Weisheit und Liebe –
> Lebensgefährten?
> Arm jeder bliebe,
> wenn sie sich störten!

Ist 's weise, tapfer still zu halten,
anstatt die Liebe zu gestalten,
die aussichtslos beendet scheint,
auch wenn mein Herz es anders meint?

Kann denn ein Weiser ruhig bleiben
und alle Hoffnungen vertreiben,
die Zweifel stumm im Raum belassen,
mit andren Dingen sich befassen? ▶

Darf grad ein Weiser nicht mehr hoffen,
bleibt für sein Leben alles offen –
er wünscht sich nichts, er fürchtet nichts –
bis an den Tag des End-Gerichts?

      Weisheit und Wille,
      nicht länger zu leiden
      Staunen und Stille –
      erfreu' dich an beiden!

Ist's weise, Liebe zu verneinen,
mag sie auch noch so innig scheinen,
sie zu verdrängen, zu vergessen,
als habe man sie nie besessen?

Stirbt denn mein Sehnen still und leise,
erst wenn ich lebe klug und weise?
Ich leg' es Gott in seine Hände –
er fügt gewiss ein gutes Ende. ◆

Ruhe

Kann denn eine Liebe ruh'n –
darf ein Herz, das liebt, auch schweigen?
Muss, wer liebt, nicht etwas tun –
sich aktiv und werbend zeigen?

Kann die Liebe überdauern
wie in einem Winterschlaf,
eingeschlossen hinter Mauern –
still, genügsam, folgsam, brav?

Was hält Sehnsucht noch am Leben,
wenn sie sich nicht äußern kann
und nicht zeigen ihr Bestreben,
zu vereinen Frau und Mann?

Ist es gar die Todesruhe,
die die Liebe längst erreicht –
Lähmung, Zerrbild, nur Getue,
das der Liebe nicht mehr gleicht?

Alle diese Fragen lasten
oft auf mir, ich spür' sie schwer –
dunkle Schatten, die verhassten
Zweifel drücken mich so sehr.

Doch im Laufe langer Jahre
horcht' ich viel in mich hinein,
sucht' ich tief in mir das Wahre,
Echte, und nicht nur den Schein. ▶

Vieles hab' ich so gefunden,
was mir Mut und Freude macht –
nicht vergeblich war'n die Stunden
meist am Tag, auch oft bei Nacht.

Nicht gestorben ist die Liebe,
die so lang' schon in mir wohnt –
vor alltäglichem Getriebe
gut geschützt, sie mich belohnt.

Wandelt' sich im Lauf der Zeit –
nach erlebtem Sturm und Drang
ist zu Vielem sie bereit,
schwingt in einem neuen Klang.

Gut getan hat ihr die Ruhe –
ließ sie wachsen, klären, reifen,
wie in einer edlen Truhe
aufbewahrt, nicht abzuschweifen …

… zu den Töchtern dieses Landes,
die vielleicht in Frage kämen,
die – adrett und voll Verstandes –
gern mich in die Arme nähmen.

Nein, den Rest der Lebenszeit
ich doch lieber solo bliebe –
spür' die Einzigartigkeit
jener Frau, die ich so liebe. ▶

Ja, ich schweig' schon lang' nicht mehr,
schreib' die Sehnsucht mir vom Herzen,
reflektiere hin und her,
    spüre Glück trotz langer Schmerzen.

Großes Glück entströmt der Ruhe
dieser Liebe meines Lebens –
Poesie ist kein Getue,
    sie ist Wahrheit, nie vergebens!

Schreiben hilft mir, mich zu spüren,
mich ein wenig doch zu rühren.
Ruhe hat die Auserwählte – – – ,
bis ich ihr davon erzählte ... ◆

Einsichten

Unsichtbares

Was ich zum Jahreswechsel fand,
als still allein ich für mich war,
in einem Weihnachtsbüchlein stand:
„Das Wichtigste ist unsichtbar."
Das Wichtigste – was soll das sein?
Sind das nicht Nahrung, Kleidung, Geld?
Was fällt dem Menschen denn wohl ein,
wenn er nach Höh'rem Ausschau hält?

Was Menschen, denk' ich, für sich suchen,
was sie erhoffen, sich ersehnen
und wenn es fehlt, auch manchmal fluchen –
nicht enden wollen stille Tränen –
sind nicht mehr Geld, Besitz und Macht,
und Sachen, die hübsch anzusehen,
nicht Autos, Häuser, Kleiderpracht,
die Dinge, die so leicht vergehen – …

… nein, wenn wir zu uns ehrlich sind,
dann sind es *Freude*, *Glück*, *Vertrauen*,
vor allem, dass uns *Liebe* find't,
ein guter *Gott*, auf den wir bauen.
Doch *Freude*, *Liebe*, *Gott*, *Vertrauen*
sind allesamt nicht zu „begreifen",
sind ohn' Gestalt und nicht zu schauen,
sind Größen, die in uns erst reifen, … ▶

... wenn wir bereit sind zuzugeben,
dass oft wir oberflächlich waren,
beschäftigt mit dem täglich' Leben,
Beruf, Familie, Geld – Gefahren,
die drohten unsrer Existenz,
dem Hab' und Gut und dem Komfort.
Konsum war allgemein Konsens,
dem öffneten wir Tür und Tor.

Was zählt, wenn wir Bilanz mal ziehen,
sind doch im Endeffekt die Dinge,
mit denen wir uns lange mühen, –
um die es sicher immer ginge,
wenn wir bewusster leben würden,
grad wenn wir jung sind, unerfahren,
zu sehr beschäftigt mit den Hürden,
die täglich droh'n in jenen Jahren.

Wenn „Junge" auf „die Alten" hörten,
die dies bereits begriffen haben,
an Altersweisheit sich nicht störten,
dann profitierten sie von Gaben,
die „Alte" schmerzlich finden mussten,
die erst im Lauf' des Lebens kamen –
auch „Alte" dies zunächst nicht wussten –
sie lebten nur in ihrem Rahmen. ▸

Nicht sichtbar und auch nicht zu kaufen
ist doch die *Freude*, die wir spüren –
wir brauchen ihr nicht nachzulaufen,
wenn unsre Wege zu ihr führen.
Die *Freude*, still und unauffällig
an lieben Menschen, schönen Dingen,
ob wir allein sind, ob gesellig –
mit *Freude* kann der Tag gelingen.

Vertrauen ist ein kostbar' Gut,
schwer aufzubauen, zu erhalten –
will gut gepflegt sein, denn es ruht
auf Fairness, soll es nicht erkalten.
Vertrauen gleicht dem scheuen Reh,
das, wenn aus gutem Grund entflohen,
dann meistens meidet unsre Näh',
aus Angst, dass neue Wunden drohen.

Das *Glück*, das Alle haben wollen,
ist stets gestaltlos … unsichtbar,
wenn wir es fühl'n, erleben sollen –
woll'n wir es fassen, macht sich's rar.
Die Kunst ist, *Glück* so oft zu spüren,
wie es sich zeigt in kleinen Dingen –
wen sie erfreu'n, sein Herz berühren,
dem wird das Glücklichsein gelingen. ◆

Die Leiche

Bevor dereinst ich still verbleiche –
solang' ich bin auf dieser Welt –
bin ich im Keller Dir die Leiche,
die Dein Gewissen unruhig hält.

Denn erst, als Du mir klargemacht,
wie schrecklich ich noch immer gelte,
hab' ich darüber nachgedacht,
was Dich wohl träf' an neuer Schelte.

Sind so viel' Jahre nicht genug,
mal endlich reinen Tisch zu machen?
Statt dessen braucht es Lug und Trug,
geheimst zu halten alte Sachen?

Ich hab's versucht, hab' Euch geschrieben,
ein klares Angebot gemacht –
doch schade, dabei ist's geblieben,
nicht mal „nein, danke" hat's gebracht.

Am meisten macht mir da zu schaffen,
dass *Du* wohl nicht verstanden hast –
ich geb' mir Müh', mach' mich zum Affen –
war Dir so fremd, was ich verfasst? ▶

Du sagst, Du warst noch nie so glücklich,
– doch dies zu glauben, fällt mir schwer –
wenn nur mein Name augenblicklich
das Ende Deines Glückes wär'.

Ist eine Ehe denn stabil,
und dieses nennt man meistens „glücklich",
wenn nur ein Tipp, ein Name fiel'
und alles würd' höchst unerquicklich?

Versteh', dass ich leicht bitter bin,
weil Du mich so befremdet hast
mit harten Worten, schroffem Sinn,
dass ich mich fühl' als schwere Last.

Doch diese grad will ich nicht sein,
das hab' ich mehrfach Dir gesagt –
da bleib' ich lieber ganz allein,
eh' lebenslang mich Zweifel plagt.

Denn Du bist auch für mich „die Leiche",
die tief in meinem Keller ruht –
doch bist Du mir nicht Last, nicht Seuche,
nein, Du tust mir im Herzen gut. ▶

Ja, Dich fühl' ich am nächsten mir,
Dich spür' ich tief in meinem Wesen,
das Wichtigste verriet ich Dir,
in Deinem Herzen konnt' ich lesen.

Ich wünsch' mir, rückhaltlos zu lieben,
doch das geht nicht mehr ohne Dich –
zur Zeit kann ich nur Fairness üben,
doch mit der Zeit verbraucht die sich!

Ich sehn' mich, zärtlich sein zu können
aus vollem Herzen, ohne Schranken,
mit Dir, die mein' ich, gut zu kennen,
und nicht woanders in Gedanken.

Möcht' leben ganz für Dich allein,
Dir folgen, Dich erneut versteh'n,
Dir endlich wieder so viel sein,
dass wir gemeinsam vorwärts geh'n.

Wenn Du mich heut' noch nicht verstehst,
ist das nicht schlimm und eh'r verständlich,
weil Du ganz andere Wege gehst –
solch' Denken ist Dir wohl befremdlich. ▶

Ich hoff' nur, dass zur rechten Zeit,
wenn Du auf neuen Wegen wandelst,
Du dann, schön wär's, kontaktbereit
im Sinne von uns beiden handelst.

Die Chance auf Offenheit und Frieden,
ein Leben ohne Leich' im Keller,
die ist Dir nur mit mir beschieden
und nur mit Dir mein Tag wird heller! ◆

Alt?

Das Alter ist für Viele ein Tabu,
sie fürchten es und lenken lieber ab,
denn alternd, bald gebrechlich noch dazu,
verbleiben nur Demenz und frühes Grab?

Was ist denn „alt"? Nur Gegenteil von „jung"?
Geht's um den Körper, sind's Kalenderjahre,
geht's um die Rente, die Versicherung –
wer was denn erbt, wenn einen trägt die Bahre?

Ich hab' für mich beschlossen, alt zu sein!
Bewusst und auf den Lippen stets ein Lied,
will ich mich lösen und von dem befrei'n,
was oft zu tun bisher ich war bemüht:

Um Chef, Kollegen, Kunden zu gefallen,
die Pflicht zu tun, das Image hochzuhalten,
dass ich auch wirklich imponierte Allen,
so wollte ich bisher mein Tun gestalten.

Bin also alt – bin glücklich wie ein Kind,
kann tun und lassen, was ich immer wollte,
und all die Macken, die mir eigen sind,
die leb' ich nun – auch wenn mir jemand grollte. ▶

„Nun spinnt er halt", so urteilt die Umgebung,
„wir hoffen, dass es nicht noch schlimmer wird,
denn amtlich, nach der neuesten Erhebung,
folgt bald danach, dass er ist ganz verwirrt".

Das fühl', empfind' und seh' ich völlig anders:
Möcht' einfach locker, möglichst weise werden
und mach' mir täglich Mut:
„Will's Gott, ich kann das,
solange er gesund mich lässt auf Erden!"

Der Druck ist weg, gescheit und klug zu sein
für Schule, Studium, Beruf – für's Geld,
konnt' mich von diesem Lebenskampf befrei'n,
bekomm' auch so, was mich am Leben hält.

Ich muss nicht mehr um jeden Urlaub kämpfen,
kann Ferien machen, wann und wo ich will,
muss nicht mehr brav das große Fernweh dämpfen,
kann mich verdrücken, notfalls heimlich, still.

Die Kinder sind nun glücklich aus dem Schneider,
die Anverwandten hier und dort versorgt –
ich hab viel Glück und weiß, trotz mancher Neider,
das Zeit und Leben sind mir nur geborgt. ▶

Kann all mein Geld verschleudern oder sparen,
mir manchen langersehnten Wunsch erfüllen,
damit was Gutes tun, statt zu verwahren,
für andre Menschen schlimmste Nöte stillen.

Das ist ein großes Privileg, ganz klar,
solch' Freiheit, soviel Macht muss gut ich nützen,
manch' Andre schleppen sich von Jahr zu Jahr,
auf gute Freunde müssen sie sich stützen.

Wenn die Gesundheit mitspielt, will ich gern
das Beste stets aus meinem Alter machen –
die Freunde sehen, helfen nah und fern,
mit ihnen reden und mit ihnen lachen.

Will leben, lieben, denken – dankbar sein
und niemals aufhör'n, meinen Traum zu träumen:
Kommt nicht mein Schatz zu mir, bleib' ich allein –
mit Gottes Hilfe werd' ich nichts versäumen! ◆

Theorie und Praxis

So Mancher, der dies alles liest,
mag denken: „Ach, der arme Mann –
dass er sich so den Tag vermiest,
obwohl er *sie* nicht haben kann!
Was träumt und glaubt und hofft er noch,
was bildet er sich alles ein –
ganz sinnlos ist's am Ende doch,
wenn ohne *sie* er bleibt allein."

Drum will ich gern noch mal erklären,
dass nicht nur zählen äuß're Fakten –
um das Verständnis zu vermehren,
möcht´ ich's erklären in zwei Takten:
Takt 1 heißt für mich „Theorie",
die sich in Herz und Kopf bewegt,
Takt 2 heißt „Praxis", auch wenn sie
wird stark vom Inneren geprägt.

Das Grundmotiv, das Wirkprinzip
der Praxis und der Theorie
ist, dass ich *sie* so lang´ schon lieb´ –
mein Inneres bewegt nur *sie*.
Ich möcht´ gern *ihren* Weg versteh'n,
den ich allein nur ahnen kann,
den *sie* ganz ohne mich will geh'n –
sie wird dies lesen – irgendwann: ▶

„Schweigst Du Dich aus und hoffst dabei,
Du seist dann ganz von Ängsten frei,
von Furcht um Euch, um ihn und Dich –
dazwischen sei kein Spalt für mich?
Hast aus Vernunft längst resigniert,
Dich leidlich, glimpflich arrangiert?
Hat er sich so total gewandelt,
dass er Dich „meister"-haft behandelt?

Verzeih' mir diese Theorien,
nur Fühlen, Denken führ'n dahin!
Hätt' ich von Dir manch' klares Wort,
das mir Erklärung gäb' – sofort
dann wich' die vage Theorie
der Wahrheit – ... wie vermiss' ich sie!
Die knappen Zeilen, mir beschieden,
sie stellen mich nur kurz zufrieden."

Soweit die Theorie – doch offen
und ungesagt ist, was ich *tue*.
Anstatt zu grübeln, nur zu hoffen,
such' Praxis ich statt dumpfer Ruhe:
Möcht' handeln und mich vorbereiten,
will Schritte tun, die zu *ihr* führen –
denn sollt' es geben bess're Zeiten,
dann muss ich nicht herumprobieren. ▶

„Sich anzunähern kommt zuerst,
denn wichtig ist, dass Du erfährst,
wer heut´ ich bin, was ich jetzt denk´
und was ich Dir mach' zum Geschenk.
Ich möchte wissen, was *Du* meinst,
denn so vertraut Du mir auch scheinst –
in all der Zeit ist viel passiert,
was Dich zu neuem Denken führt.

Ich hab´ ein rollendes Quartier,
dort wohn´ ich, nicht zu nah bei Dir.
Mit dem bin ich beizeit' zur Stelle,
rück´ dennoch Dir nicht auf die Pelle.
Wie oft ich da bin, wird man sehen –
wird´s Dir zuviel, kann leicht ich gehen.
Es ist ein Fakt, nicht unsre Schuld,
dass Neugewöhnen braucht Geduld.

Ich stell´ aktiv so manche Weichen,
die helfen soll´n, Dich zu erreichen,
uns miteinander zu befassen,
bis neu wir zueinander passen.
Denk´ auch ans Wohnen, Schlafen, Geld –
Alltägliches in dieser Welt –
was wär´ mit Kindern und Verwandten,
mit Enkeln, Freunden und Bekannten." ▶

Mir widerstrebt′s zu resignieren,
die Lebenszeit gar auszusitzen –
nach vielem Theoretisieren
will ich zur Praxis sie benützen.
Drum lass′ ich nichts mehr von mir hören,
sie soll recht lang′ in Ruhe leben,
will *sie* dabei kein bisschen stören –
ich lass′ „es" offen, lass′ „es" schweben. ◆

Das Wunder

Ein vielfach' Wunder müsst' geschehen,
dass wir uns finden irgendwann:
Zum Einen musst Du einsam stehen
im Leben ohne eig'nen Mann.

Zum Zweiten solltest mich noch mögen,
ein bisschen Gutes seh'n in mir.
Zum Dritten musst Du Dich schon regen,
damit ich dieses weiß von Dir.

Zum Vierten sollt' noch fit ich sein,
dass Du von mir auch etwas hast,
sonst bleib' ich lieber doch allein,
eh' ich Dir würde eine Last.

Dies' alles darf ich kaum erhoffen –
ein vierfach' Wunder für uns zwei!
Ich lass' mir Herz und Sinne offen –
und Gott Dir stets Begleiter sei! ◆

Die letzte SMS

Es gibt im Menschenleben Sprüche,
die nicht bloß durch die kalte Küche,
nein, die ganz offen alles sagen,
wonach die Liebste könnte fragen.
Man kann so viel verklausulieren
und durch die Blume schlau kaschieren –
doch jüngst macht´ ich, in aller Frische,
mal wirklich „Butter bei die Fische".

Ich hatt´ mich lang´ zurückgehalten
und ließ extrem Vernunft obwalten,
mich kaum zu rühren, nicht zu stören
und nicht auf meinen Bauch zu hören.
Bis zu dem Tag, an dem ich dann
von innen her den Druck gewann,
dass etwas Klarheit müsste her,
dann wär´ mein Sehnen nicht so schwer.

So wagte ich es, mich zu rühren,
ein Wiederseh'n zu arrangieren,
um einmal ihrer Stimm´ zu lauschen
und „ganz neutral" mich auszutauschen …
… per SMS – doch dann kam kühl
die Antwort, dass sie hielt´ nicht viel
vom Treffen, weil solch´ Zeit verschwendet,
denn alles sei doch längst beendet. ▶

Ein wenig Wärme kam dann doch
mit 'rüber, denn sie wünschte noch
mir alles Gute – es sei gut,
was damals war und heut' sich tut.
Hab´ mich gefreut, sie zu erreichen,
denn lang' ließ sie sich nicht erweichen,
ein Wörtchen an Kontakt zu wagen,
wie jahrelang in bess´ren Tagen.

Nachdem der erste Schock verwunden,
hab´ etwas Gutes ich gefunden:
Sie hat noch Herz und schrieb was Rechtes
und nicht nur Nichts und auch nichts Schlechtes.
Nun ja, – das sollt´s gewesen sein
für lange Zeit – doch ganz allein
ließ ich das nicht im Raume steh'n –
für alle Fälle sollt´ sie seh'n, …

… dass ich bin frei und leb´ allein
leb´ gut, zufrieden und hab´ kein
Verlangen, eine andre Frau
zu haben außer *ihr* genau.
Sie mag es glauben oder nicht,
dass einer ernsthaft dies verspricht,
mag´s abtun, es erneut verdrängen –
doch Etwas bleibt ganz sicher hängen, … ▶

… was sie berührt, vielleicht erfreut:
Nein, keine Selbstverständlichkeit
ist, objektiv, klar zu verstehen,
dass ich möcht' unbedingt sie sehen.
Nachdem sie weiß, wie ernst ich's meine –
ich lieb' sie und sie bleibt die Eine –
hab' ich den „Dialog" beendet,
die letzte SMS gesendet. ◆

Bindungsweisheit

„Drum prüfe, wer sich ewig bindet,
ob sich nicht noch was Bessres findet!"

So sagt der Volksmund flott und frech –
ist's Weisheit oder klingt's nach Blech?
Sollst Du's befolgen, gar bedenken,
kannst Du dem Spruch Verachtung schenken?

Was Bessres finden ist nicht leicht –
die Suche eh'r dem Lotto gleicht:
Mit drei, vier Richt'gen sei zufrieden,
ein „Sechser" ist Dir kaum beschieden.

Und „ewig" ist nicht mehr modern,
denn man „verwirklicht" sich so gern.
Ist dann das Dutzend Jahre voll,
wenn's sein muss, man sich trennen soll.

Drum prüf' und suche nicht zu lange,
sei vor der Ewigkeit nicht bange –
genieß' das Gute, lass das Bessre,
auf dass Dein Glück sich nicht verwässre!

Genieß' die Freiheit, Dich zu binden,
den Nervenkitzel, *die* zu finden,
die unterm Strich Dich glücklich macht –
dann hast Du was für Tag und Nacht! ◆

Heute

Über die Große Liebe

Du liebst
und irgendwann,
vielleicht,
wird deine Liebe
die Große Liebe.

Sie ist ein Wesen,
das in dir wohnt,
ein Teil deines Wesens.

Sie ruht in sich
und lebt durch sich,
durch ihre Stetigkeit,
Unerschütterlichkeit,
und durch die Zuversicht,
dass sie die gemeinsame Erfüllung finden wird.

Und findet sie sie nicht
im gemeinsamen Glück,
so ist schon fast Erfüllung
der Großen Liebe,
dass sie existiert,
dass sie lebt. ▶

Sie wärmt dich,
sie macht dich stark,
sie begleitet dich überall hin –
so bist du nie einsam.

Sie verbindet dich mit deinem Gott,
dem du vertraust,
der sie dir schenkt zu treuen Händen,
der sie und dich beschützt.

Sie weckt alle guten Kräfte in dir –
du wächst in deinem Menschsein.
Sie gibt dir Richtung,
sie steuert dein Streben über alle Zeit hinaus.

Die Große Liebe
lebt von der ruhigen Erwartung,
so gibt sie deinem Leben Sinn.
Kein Tag ist mehr wie der vergangene –
jeder neue Tag bringt ihrer Erfüllung eine neue
Chance. ▶

Die Zeit steht still
und bringt doch unzählige neue Tage.
Die ruhige Erwartung hält dich am Leben
und in Bewegung –
sie lässt dich nicht resignieren und nicht alt werden.

Die Große Liebe
lässt den geliebten Menschen
wachsen und blühen bis zur Vollkommenheit,
sie erhöht sein Wesen und seine Fähigkeiten
über das Menschenmögliche hinaus –
und doch weißt du, dass nur du ihm diesen Wert
gibst.

Kann ein Mensch einen größeren Wert
erlangen als durch die Liebe?

Die Große Liebe –
ein Versuch der Vollkommenheit –
der Schritt zum echten Menschsein –
ein Hauch von Ewigkeit? ◆

Das Prinzenpaar

Nun hab' ich, sehnend, *sie* gefunden,
nachdem ich mehrmals hab' geirrt –
mit *ihr* bin ich nun fest verbunden.
Doch sind wir beide noch verwirrt –
verwirrt, weil alles leicht und schön,
was uns so gut zusammenbrachte,
weil aufeinander zuzugeh'n,
uns beiden keine Mühe machte.

Nach kurzer Zeit wir fanden Liebe,
Zusammenhalt und Zärtlichkeit,
Bewunderung und süße Triebe,
gewürzt mit großer Offenheit.
Wir konnten über alles reden,
auch was man ungern sonst sich sagt:
Vergang'ne Lasten, Bosheit, Fehden –
was alles an der Seele nagt.

Es fügten alle Fragen sich
und all die üblichen Probleme
zum Guten, Klaren – unterm Strich,
als ob es schlicht vom Himmel käme.
Und wär' dies alles nur gespielt,
bloß um dem Andren zu gefallen,
nur vorgemacht und nicht gefühlt,
wir schmeichelten und würden lallen … ▶

… grad was der Andre hören möchte –
dann wär'n wir reif für Film und Bühne,
zu spiel'n das Gute und das Schlechte,
zu mimen klassisch Schuld und Sühne!
Doch fühlt sich alles richtig an,
die Schauspielkunst ist gar nicht nötig,
es passt und fügt sich – jeder kann
grad' weiterleben froh und stetig.

Obwohl die Leben unterschiedlich,
die liebend wir zusammenführen –
bei *ihr* voll Leid, bei mir eh'r friedlich –
wir gleiche Lebenslust verspüren.
Und dass *sie* klug und zärtlich ist –
auch keine Selbstverständlichkeit –
ihr, die so herzlich fühlt und küsst,
ihr geb' ich gern Geborgenheit.

Sie hat gehorcht, gekämpft, erduldet,
was man verlangt' in *ihrer* Jugend,
und was das Leben *ihr* noch schuldet,
hat *sie* verdient mit Fleiß und Tugend.
Hat lang' genug allein gekämpft
um Geld, Gesundheit, Partnerschaft –
ihr Leben wurd' so hart gedämpft,
hat Mut gezeigt und inn're Kraft. ▶

Ich hatte Glück und gute Sterne,
besonders wohl mit meinen Frauen –
ob in der Nähe, in der Ferne –
konnt' lieben sie und ihnen trauen.
Nun hab' ich doch genug probiert,
bin oft gekommen, oft gegangen –
mein Weg hat stets nach vorn geführt,
hab' vieles Neue angefangen.

Wir freuen uns auf alles Schöne:
Familien, Freunde, Schiff, das Haus –
gemeinsam gibt es viele Pläne,
sie füllen unsre Zeit gut aus.
Wir spür'n mit Freude unser Alter,
aus vielen Jahren die Erfahrung,
sind locker unsres Glücks Gestalter,
genießen jede Offenbarung.

Wir woll'n um Gottes Segen bitten,
ihm danken, dass er uns geführt –
ihn um uns spür'n bei allen Schritten
und geben ihm, was ihm gebührt. ◆

Resümee

Nachwort

Nach langem Weg und mancher Müh'
der letzten Zeilen klarer Sinn:
Bin wieder Prinz und liebe *sie*,
die Frau, mit der ich glücklich bin.

Der Weg zu *ihr* war hart und steinig,
mit Hindernissen übersät,
denn Frosch und Damen war'n nicht einig,
ob's wirklich um Erlösung geht.

Ja, ich als Frosch war stark erpicht,
vom Single-Sein erlöst zu werden –
ganz ernst zu suchen war mir Pflicht:
Wo ist „die Richtige" auf Erden?

Bei Manchen sollt' ich Lücken füllen,
die andre Frösche aufgerissen,
bei Einigen nur Neugier stillen –
sie ließen Konsequenz vermissen.

Und wieder andre Damen prüften,
wie denn der Frösche Markt so sei –
das Kennenlernen nicht vertieften –
ich Frosch war ihnen einerlei.

Bis dann, gottlob, die Richt'ge schrieb:
„Nun sei kein Frosch, hab' guten Mut,
du bist mein Prinz – ich hab' dich lieb!"

Da dacht' ich: Ende – Alles gut! ◆